W

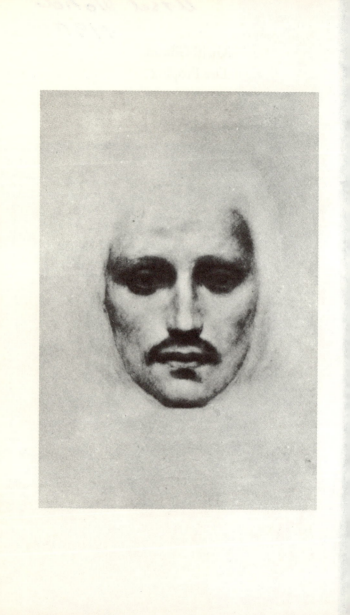

Khalil Gibran

Der Prophet

Walter-Verlag
Olten und Freiburg im Breisgau

Die amerikanische Originalausgabe erschien
unter dem Titel «The Prophet» im Verlag A. Knopf,
New York
© Comité National de Gibran, Becharré 1972

Neue Übersetzung
Aus dem Englischen von Karin Graf
Die Übersetzerin dankt Ellen Schepp-Winter
für ihre Unterstützung

5. Auflage 1989

Alle Rechte der deutschen Ausgabe vorbehalten
© Walter-Verlag AG, Olten, 1973
Gesamtherstellung in den grafischen Betrieben
des Walter-Verlags
Printed in Switzerland

ISBN 3-530-26718-X

Inhalt

7   Die Ankunft des Schiffes

Die Reden des Propheten

18   Von der Liebe
23   Von der Ehe
26   Von den Kindern
29   Vom Geben
35   Vom Essen und Trinken
38   Von der Arbeit
43   Von der Freude und vom Leid
45   Von den Häusern
49   Von den Kleidern
51   Vom Kaufen und Verkaufen
54   Von Schuld und Sühne
62   Von den Gesetzen
65   Von der Freiheit
69   Von Vernunft und Leidenschaft
72   Vom Schmerz
74   Von der Selbsterkenntnis
76   Vom Lehren
78   Von der Freundschaft
81   Vom Reden
83   Von der Zeit
85   Vom Guten und Bösen

89	Vom Beten
93	Vom Vergnügen
98	Von der Schönheit
102	Von der Religion
105	Vom Tod
108	Der Abschied

Die Ankunft des Schiffes

Almustafa, der Erwählte und Geliebte, der
seiner Zeit eine Morgenröte war, hatte zwölf
Jahre in der Stadt Orphalese auf sein Schiff
gewartet, das wiederkommen und ihn zur
Insel seiner Geburt zurückbringen sollte.
Und im zwölften Jahr, am siebten Tag des
Jelul, des Monats der Ernte, erstieg er den
Hügel jenseits der Stadtmauern und schaute
zur See; und er sah sein Schiff mit dem Nebel
nahen.
Da wurden die Tore seines Herzens aufge-
schwungen, und seine Freude flog weit über
das Meer. Und er schloß die Augen und
betete in der Stille seiner Seele.
Aber als er den Hügel hinabstieg, überkam
ihn eine Traurigkeit, und er dachte in seinem
Herzen:
Wie soll ich in Frieden und ohne Trauer
gehen? Nein, nicht ohne Wunde im Geist
werde ich diese Stadt verlassen.

Lang waren die Tage der Qual, die ich in
ihren Mauern verbrachte, und lang waren
die Nächte der Einsamkeit; und wer kann
seine Qual und seine Einsamkeit ungerührt
hinter sich lassen?

Zu viel von meinem Geist habe ich in
diesen Straßen verströmt, und zu zahlreich
sind die Kinder meiner Sehnsucht, die nackt
in diesen Hügeln wandern, und ich kann
mich nur schwer und mit Schmerzen von
ihnen zurückziehen.

Es ist kein Gewand, das ich heute ablege,
sondern eine Haut, die ich mir mit eigenen
Händen abreiße.

Auch ist es kein Gedanke, den ich hinter mir
lasse, sondern ein Herz, süß vor Hunger und
Durst.

Doch kann ich nicht länger bleiben.

Das Meer, das alles zu sich ruft, ruft mich,
und ich muß das Schiff besteigen.

Denn zu bleiben, auch wenn die Stunden
in der Nacht brennen, hieße zu gefrieren und
unbeweglich zu werden und in einer Form
zu erstarren.
Gern nähme ich alles, was hier ist, mit mir.
Aber wie wäre mir das möglich?
Eine Stimme kann nicht die Zunge und die
Lippen mit sich tragen, die ihr Flügel gaben.
Allein muß sie in den Äther hinaus.
Allein und ohne sein Nest muß der Adler zur
Sonne fliegen.
Als er nun unten am Hügel angekommen
war, wandte er sich wieder dem Meer zu,
und er sah sein Schiff in den Hafen einlaufen
und auf dem Bug die Seeleute, die Männer
seines eigenen Landes.
Und seine Seele rief hinaus zu ihnen, und er
sagte:
Söhne meiner ehrwürdigen Mutter, ihr
Reiter der Gezeiten, wie oft seid ihr in

meinen Träumen gesegelt. Und nun kommt
ihr in meinem Wachen, das mein tieferer
Traum ist.
Ich bin bereit zu gehen, und meine Ungeduld
erwartet mit gesetzten Segeln den Wind.
Nur einen Atemzug noch will ich tun in
dieser stillen Luft, nur einen liebenden Blick
noch zurückwerfen,
Und dann werde ich unter euch stehen, ein
Seefahrer unter Seefahrern.
Und du, unermeßliches Meer, schlafende
Mutter,
Die du allein dem Fluß und dem Strom
Frieden und Freiheit bist,
Nur eine Biegung noch wird dieser Strom
machen, nur ein Murmeln noch in diesem
Hain,
Und dann werde ich zu dir kommen, ein
grenzenloser Tropfen in einem grenzenlosen
Ozean.

Und als er weiterging, sah er von weitem
Männer und Frauen ihre Felder und Wein-
berge verlassen und zu den Stadttoren
eilen.
Und er hörte, wie ihre Stimmen seinen
Namen riefen und von Feld zu Feld schrien,
um einander laut die Ankunft seines Schiffes
mitzuteilen.
Und er sagte zu sich:
Soll der Tag des Abschieds der Tag der Ernte
sein?
Und soll das heißen, daß mein Abend in
Wahrheit meine Morgenröte war?
Und was soll ich dem geben, der seinen Pflug
mitten auf dem Feld gelassen hat, oder dem,
der das Rad seiner Weinpresse angehalten
hat?
Wird mein Herz ein Baum werden, schwer
von Früchten, die ich pflücken und ihnen
schenken kann?

Und werden meine Wünsche fließen wie
eine Quelle, damit ich ihre Becher füllen
kann?
Bin ich eine Harfe, damit die Hand des
Mächtigen mich berühren kann, oder eine
Flöte, damit sein Atem mich durchstreifen
kann?
Ein Sucher der Stille bin ich, und welchen
Schatz habe ich in der Stille gefunden, den
ich mit Zuversicht verteilen kann?
Wenn dies mein Tag der Ernte ist, in welche
Felder habe ich den Samen gesät und zu
welchen vergessenen Jahreszeiten?
Wenn dies wirklich die Stunde ist, in der ich
meine Laterne hochhalte, dann ist es nicht
meine Flamme, die darin brennt.
Leer und dunkel werde ich meine Laterne
erheben,
Und der Wächter der Nacht wird sie mit Öl
füllen, und er wird sie auch anzünden.

Diese Dinge drückte er mit Worten aus.
Doch vieles in seinem Herzen blieb ungesagt.
Denn er selbst konnte sein tieferes Geheimnis
nicht aussprechen.
Und als er die Stadt betrat, kamen alle
Menschen ihm entgegen, und sie riefen ihm
zu wie mit einer Stimme.
Und die Ältesten der Stadt traten vor und
sagten:
Geh noch nicht fort von uns.
Eine Mittagszeit bist du in unserer
Dämmerung gewesen, und deine Jugend
hat uns Träume zu träumen gegeben.
Kein Fremder bist du unter uns, auch kein
Gast, sondern unser Sohn und innigst
Geliebter.
Laß unsere Augen noch nicht nach deinem
Angesicht hungern.
Und die Priester und Priesterinnen sagten zu
ihm:

Laß nicht zu, daß die Wellen des Meeres
uns jetzt trennen und die Jahre, die du in
unserer Mitte verbracht hast, zur Erinnerung
werden.
Du bist unter uns als Geist umhergegangen,
und dein Schatten ist ein Licht auf unseren
Gesichtern gewesen.
Sehr haben wir dich geliebt. Aber sprachlos
war unsere Liebe und mit Schleiern umhüllt.
Nun aber ruft sie laut zu dir und möchte
unverhüllt vor dir stehen.
Und seit jeher war es so, daß die Liebe erst in
der Stunde der Trennung ihre eigene Tiefe
erkennt.
Und andere kamen auch und flehten ihn an.
Aber er antwortete ihnen nicht. Er neigte nur
den Kopf; und die in der Nähe standen,
sahen Tränen auf seine Brust fallen.
Und er und die Menschen schritten zu dem
großen Platz vor dem Tempel.

Und aus dem Heiligtum kam eine Frau,
deren Name Almitra war. Und sie war eine
Seherin.
Und er schaute sie mit unendlicher Zärtlichkeit an, denn sie hatte ihn als Erste aufgesucht
und an ihn geglaubt, als er gerade einen Tag
in ihrer Stadt gewesen war.
Und sie begrüßte ihn und sagte:
Prophet Gottes, auf der Suche nach den
letzten Dingen, lange hast du die Ferne
nach deinem Schiff abgesucht.
Und nun ist dein Schiff gekommen, und du
mußt gehen.
Tief ist deine Sehnsucht nach dem Land
deiner Erinnerungen und der Heimat deiner
größeren Wünsche;
Und unsere Liebe wird dich nicht binden,
noch werden unsere Bedürfnisse dich
halten.
Um eines jedoch bitten wir, ehe du uns ver-

läßt: daß du zu uns sprichst und uns von deiner Wahrheit abgibst.

Und wir werden sie unseren Kindern weitergeben und sie ihren Kindern, und sie wird nicht vergehen.

In deiner Einsamkeit hast du über unsere Tage gewacht, und in deinem Wachen hast du dem Weinen und Lachen unseres Schlafs gelauscht.

Daher mach, daß wir uns selbst erkennen und sage uns alles, was dir gezeigt wurde von dem, was zwischen Geburt und Tod ist.

Und er antwortete:

Leute von Orphalese, worüber könnte ich sprechen, wenn nicht von dem, was sich selbst jetzt in euren Seelen rührt?

Von der Liebe

Da sagte Almitra: Sprich uns von der Liebe.
Und er hob den Kopf und sah auf die
Menschen, und es kam eine Stille über sie.
Und mit lauter Stimme sagte er:
Wenn die Liebe dir winkt, folge ihr,
Sind ihre Wege auch schwer und steil.
Und wenn ihre Flügel dich umhüllen, gib
dich ihr hin,
Auch wenn das unterm Gefieder versteckte
Schwert dich verwunden kann.
Und wenn sie zu dir spricht, glaube an sie,
Auch wenn ihre Stimme deine Träume
zerschmettern kann wie der Nordwind den
Garten verwüstet.
Denn so, wie die Liebe dich krönt, kreuzigt
sie dich. So wie sie dich wachsen läßt,
beschneidet sie dich.
So wie sie emporsteigt zu deinen Höhen
und die zartesten Zweige liebkost, die in der
Sonne zittern,

Steigt sie hinab zu deinen Wurzeln und
erschüttert sie in ihrer Erdgebundenheit.
Wie Korngarben sammelt sie dich um sich.
Sie drischt dich, um dich nackt zu machen.
Sie siebt dich, um dich von deiner Spreu zu
befreien.
Sie mahlt dich, bis du weiß bist.
Sie knetet dich, bis du geschmeidig bist;
Und dann weiht sie dich ihrem heiligen
Feuer, damit du heiliges Brot wirst für Gottes
heiliges Mahl.
All dies wird die Liebe mit dir machen,
damit du die Geheimnisse deines Herzens
kennenlernst und in diesem Wissen ein Teil
vom Herzen des Lebens wirst.
Aber wenn du in deiner Angst nur die Ruhe
und die Lust der Liebe suchst,
Dann ist es besser für dich, deine Nacktheit
zu bedecken und vom Dreschboden der
Liebe zu gehen

In die Welt ohne Jahreszeiten, wo du lachen
wirst, aber nicht dein ganzes Lachen,
und weinen, aber nicht all deine Tränen.
Liebe gibt nichts als sich selbst und nimmt
nichts als von sich selbst.
Liebe besitzt nicht, noch läßt sie sich besitzen;
Denn die Liebe genügt der Liebe.
Wenn du liebst, solltest du nicht sagen: «Gott
ist in meinem Herzen», sondern: «Ich bin in
Gottes Herzen.»
Und glaube nicht, du kannst den Lauf der
Liebe lenken, denn die Liebe, wenn sie dich
für würdig hält, lenkt deinen Lauf.
Liebe hat keinen anderen Wunsch, als sich zu
erfüllen.
Aber wenn du liebst und Wünsche haben
mußt, sollst du dir dies wünschen:
Zu schmelzen und wie ein plätschernder
Bach zu sein, der seine Melodie der Nacht
singt.

Den Schmerz allzu vieler Zärtlichkeit zu kennen.

Vom eigenen Verstehen der Liebe verwundet zu sein;

Und willig und freudig zu bluten.

Bei der Morgenröte mit beflügeltem Herzen zu erwachen und für einen weiteren Tag des Liebens dankzusagen;

Zur Mittagszeit zu ruhen und über die Verzückung der Liebe nachzusinnen;

Am Abend mit Dankbarkeit heimzukehren;

Und dann einzuschlafen mit einem Gebet für den Geliebten im Herzen und einem Lobgesang auf den Lippen.

Von der Ehe

Dann sprach Almitra abermals und sagte:
Und was ist mit der Ehe, Meister?
Und er antwortete und sprach:
Ihr wurdet zusammen geboren, und ihr
werdet auf immer zusammen sein.
Ihr werdet zusammen sein, wenn die weißen
Flügel des Todes eure Tage scheiden.
Ja, ihr werdet selbst im stummen Gedenken
Gottes zusammen sein.
Aber laßt Raum zwischen euch.
Und laßt die Winde des Himmels zwischen
euch tanzen.
Liebt einander, aber macht die Liebe nicht
zur Fessel:
Laßt sie eher ein wogendes Meer zwischen
den Ufern eurer Seelen sein.
Füllt einander den Becher, aber trinkt nicht
aus einem Becher.
Gebt einander von eurem Brot, aber eßt
nicht vom selben Laib.

Singt und tanzt zusammen und seid fröhlich,
aber laßt jeden von euch allein sein,
So wie die Saiten einer Laute allein sind und
doch von derselben Musik erzittern.
Gebt eure Herzen, aber nicht in des anderen
Obhut.
Denn nur die Hand des Lebens kann eure
Herzen umfassen.
Und steht zusammen, doch nicht zu nah:
Denn die Säulen des Tempels stehen für sich,
Und die Eiche und die Zypresse wachsen
nicht im Schatten der anderen.

Von den Kindern

Und eine Frau, die einen Säugling an der
Brust hielt, sagte: Sprich uns von den
Kindern.
Und er sagte:
Eure Kinder sind nicht eure Kinder.
Sie sind die Söhne und Töchter der Sehnsucht
des Lebens nach sich selber.
Sie kommen durch euch, aber nicht von
euch,
Und obwohl sie mit euch sind, gehören sie
euch doch nicht.
Ihr dürft ihnen eure Liebe geben, aber nicht
eure Gedanken,
Denn sie haben ihre eigenen Gedanken.
Ihr dürft ihren Körpern ein Haus geben, aber
nicht ihren Seelen,
Denn ihre Seelen wohnen im Haus von
morgen, das ihr nicht besuchen könnt, nicht
einmal in euren Träumen.
Ihr dürft euch bemühen, wie sie zu sein,

aber versucht nicht, sie euch ähnlich zu machen.

Denn das Leben läuft nicht rückwärts, noch verweilt es im Gestern.

Ihr seid die Bogen, von denen eure Kinder als lebende Pfeile ausgeschickt werden.

Der Schütze sieht das Ziel auf dem Pfad der Unendlichkeit, und Er spannt euch mit Seiner Macht, damit seine Pfeile schnell und weit fliegen.

Laßt euren Bogen von der Hand des Schützen auf Freude gerichtet sein;

Denn so wie Er den Pfeil liebt, der fliegt, so liebt Er auch den Bogen, der fest ist.

Vom Geben

Dann sagte ein reicher Mann: Sprich uns
vom Geben.
Und er antwortete:
Ihr gebt nur wenig, wenn ihr von eurem
Besitz gebt.
Erst wenn ihr von euch selber gebt, gebt
ihr wahrhaft.
Denn was ist euer Besitz anders als etwas,
das ihr bewahrt und bewacht aus Angst,
daß ihr es morgen brauchen könntet?
Und morgen, was wird das Morgen
dem übervorsichtigen Hund bringen,
der Knochen im spurlosen Sand vergräbt,
wenn er den Pilgern zur heiligen Stadt
folgt?
Und was ist die Angst vor der Not anderes
als Not?
Ist nicht Angst vor Durst, wenn der Brunnen
voll ist, der Durst, der unlöschbar ist?
Es gibt jene, die von dem Vielen, das sie

haben, wenig geben – und sie geben um der
Anerkennung willen, und ihr verborgener
Wunsch verdirbt ihre Gaben.

Und es gibt jene, die wenig haben und alles
geben.

Das sind die, die an das Leben und die Fülle
des Lebens glauben, und ihr Beutel ist nie
leer.

Es gibt jene, die mit Freude geben, und die
Freude ist ihr Lohn.

Und es gibt jene, die mit Schmerzen geben,
und der Schmerz ist ihre Taufe.

Und es gibt jene, die geben und keinen
Schmerz beim Geben kennen: weder suchen
sie Freude dabei, noch geben sie um der
Tugend willen;

Sie geben, wie im Tal dort drüben die Myrthe
ihren Duft verströmt.

Durch ihre Hände spricht Gott, und aus
ihren Augen lächelt Er auf die Erde.

Es ist gut zu geben, wenn man gebeten wird,
aber besser ist es, wenn man ungebeten gibt,
aus Verständnis;
Und für den Freigebigen ist die Suche nach
einem, der empfangen soll, eine größere
Freude als das Geben.
Und gibt es etwas, das ihr zurückhalten
werdet?
Alles, was ihr habt, wird eines Tages gegeben
werden;
Daher gebt jetzt, daß die Zeit des Gebens
eure ist und nicht die eurer Erben.
Ihr sagt oft: «Ich würde geben, aber nur dem,
der es verdient.»
Die Bäume in eurem Obstgarten reden nicht
so, und auch nicht die Herden auf euren
Weiden.
Sie geben, damit sie leben dürfen, denn
zurückhalten heißt zugrunde gehen.
Sicher ist der, der würdig ist, seine Tage und

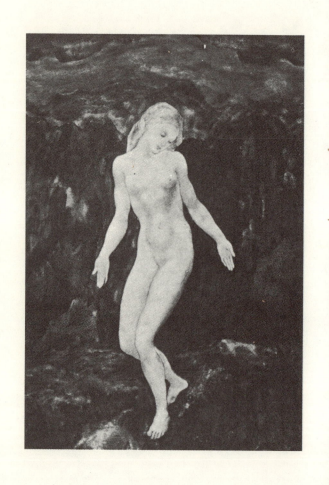

Nächte zu erhalten, auch alles anderen von
euch würdig.
Und der, der verdient hat, vom Meer
des Lebens zu trinken, verdient auch, seinen
Becher aus eurem Bach zu füllen.
Und welcher Verdienst wäre größer als der
Mut und das Vertrauen, ja auch die
Nächstenliebe, die im Empfangen liegt?
Und wer seid ihr, daß die Menschen sich die
Brust zerreißen und ihren Stolz entschleiern
sollten, damit ihr ihren Wert nackt und
ihren Stolz entblößt seht?
Seht erst zu, daß ihr selber verdient,
ein Gebender und ein Werkzeug des Gebens
zu sein.
Denn in Wahrheit ist es das Leben, das dem
Leben gibt – während ihr, die ihr euch als
Gebende fühlt, nichts anderes seid als Zeugen.
Und ihr, die ihr empfangt – und ihr seid alle
Empfangende –, bürdet euch nicht die Last

der Dankbarkeit auf, damit ihr nicht euch
und dem Gebenden ein Joch auferlegt.
Steigt lieber zusammen mit dem Gebenden
auf seinen Gaben empor wie auf Flügeln;
Denn seid ihr euch eurer Schuld zu sehr
bewußt, heißt das, die Freigebigkeit
desjenigen zu bezweifeln, der die großherzige
Erde zur Mutter und Gott zum Vater hat.

Vom Essen und Trinken

Dann sagte ein alter Mann, ein Gastwirt:
Sprich uns vom Essen und Trinken.
Und er sagte:
Könntet ihr leben vom Duft der Erde
und wie eine Luftpflanze vom Licht erhalten
werden!
Aber da ihr töten müßt, um zu essen, und
dem Neugeborenen die Muttermilch rauben
müßt, um euren Durst zu stillen, laßt es
eine andächtige Handlung sein.
Und euren Tisch laßt einen Altar sein, auf
dem das Reine und Unschuldige des Waldes
und des Feldes geopfert wird für das, was im
Menschen noch reiner und unschuldiger ist.
Wenn ihr ein Tier tötet, sagt in eurem
Herzen zu ihm:
«Durch die gleiche Macht, die dich tötet,
werde auch ich getötet, und auch ich werde
verzehrt werden.
Denn das Gesetz, das dich meiner Hand

auslieferte, wird mich einer mächtigeren
Hand ausliefern.
Dein Blut und mein Blut ist nichts als der
Saft, der den Baum des Himmels nährt.»
Und wenn ihr mit den Zähnen einen Apfel
zermalmt, sagt in eurem Herzen zu ihm:
«Deine Samen werden in meinem Körper
leben,
Und die Knospen deines Morgens werden in
meinem Herzen blühen,
Und dein Duft wird mein Atem sein,
Und zusammen werden wir uns aller Jahres-
zeiten erfreuen.»
Und im Herbst, wenn ihr die Trauben eurer
Weinberge für die Kelter lest, sagt in eurem
Herzen:
«Auch ich bin ein Weinberg, und meine
Frucht wird für die Kelter gelesen werden,
Und wie neuer Wein werde ich in ewigen
Gefäßen bewahrt werden.»

Und im Winter, wenn ihr den Wein zapft,
laßt für jeden Becher ein Lied in eurem
Herzen sein;
Und in dem Lied laßt eine Erinnerung
an die Herbsttage und den Weinberg und die
Kelter sein.

Von der Arbeit

Dann sagte ein Landmann: Sprich uns von
der Arbeit.
Und er antwortete und sagte:
Ihr arbeitet, um mit der Erde und der Seele
der Erde Schritt zu halten.
Denn müßig sein heißt, den Jahreszeiten
fremd zu werden und auszuscheren aus dem
Lauf des Lebens, das in Würde und stolzer
Ergebung der Unendlichkeit entgegen-
schreitet.
Wenn ihr arbeitet, seid ihr eine Flöte, durch
deren Herz sich das Flüstern der Stunden in
Musik verwandelt.
Wer von euch wäre gern ein Rohr, stumm
und still, wenn alles andere im Einklang
singt?
Es ist euch immer gesagt worden, Arbeit sei
ein Fluch und Mühsal ein Unglück.
Aber ich sage euch, wenn ihr arbeitet, erfüllt
ihr einen Teil des umfassendsten Traums der

Erde, der euch bei der Geburt dieses Traums
zugeteilt wurde,
Und wenn ihr Mühsal auf euch nehmt, liebt
ihr das Leben wahrhaft,
Und das Leben durch Mühsal zu lieben,
heißt mit dem innersten Geheimnis des
Lebens vertraut zu sein.
Aber wenn ihr in eurem Schmerz die Geburt
ein Leid nennt und die Erhaltung des
Fleisches einen Fluch, der euch auf der Stirn
geschrieben steht, dann erwidere ich, daß nur
der Schweiß auf eurer Stirn das wegwaschen
wird, was geschrieben steht.
Es ist euch auch gesagt worden, das Leben sei
Dunkelheit, und in eurer Erschöpfung gebt
ihr wieder, was die Erschöpften sagten.
Und ich sage, das Leben ist in der Tat
Dunkelheit, wenn der Trieb fehlt,
Und aller Trieb ist blind, wenn das Wissen
fehlt.

Und alles Wissen ist vergeblich, wenn die
Arbeit fehlt,
Und alle Arbeit ist leer, wenn die Liebe fehlt;
Und wenn ihr mit Liebe arbeitet, bindet ihr
euch an euch selber und an einander und an
Gott.
Und was heißt, mit Liebe arbeiten?
Es heißt, das Tuch mit Fäden weben, die aus
euren Herzen gezogen sind, als solle euer
Geliebter dieses Tuch tragen.
Es heißt, ein Haus mit Zuneigung bauen, als
solle eure Geliebte in dem Haus wohnen.
Es heißt, den Samen mit Zärtlichkeit säen
und die Ernte mit Freude einbringen, als solle
euer Geliebter die Frucht essen.
Es heißt, allen Dingen, die ihr macht, einen
Hauch eures Geistes einflößen
Und zu wissen, daß die selig Verstorbenen
um euch stehen und zusehen.
Oft habe ich euch sagen hören, als sprächet

ihr im Schlaf: «Der mit Marmor arbeitet und
im Stein die Gestalt seiner Seele wiederfindet,
ist edler als der, der den Boden pflügt.
Und der den Regenbogen ergreift, um ihn
auf einer Leinwand zum Ebenbild des
Menschen zu machen, ist mehr als der, der
die Sandalen für unsere Füße macht.»
Aber ich sage nicht im Schlaf, sondern in der
Überwachheit der Mittagsstunde, daß der
Wind zu den riesigen Eichen nicht süßer
spricht als zum geringsten aller Grashalme;
Und der allein ist groß, der die Stimme des
Windes in ein Lied verwandelt, das durch
seine Liebe noch süßer wird.
Arbeit ist sichtbar gemachte Liebe.
Und wenn ihr nicht mit Liebe, sondern nur
mit Widerwillen arbeiten könnt, laßt besser
eure Arbeit und setzt euch ans Tor des
Tempels und nehmt Almosen von denen,
die mit Freude arbeiten.

Denn wenn ihr mit Gleichgültigkeit Brot
backt, backt ihr ein bitteres Brot, das nicht
einmal den halben Hunger des Menschen
stillt.

Und wenn ihr die Trauben mit Widerwillen
keltert, träufelt eure Abneigung ein Gift in
den Wein.

Und auch wenn ihr wie Engel singt und das
Singen nicht liebt, macht ihr die Ohren der
Menschen taub für die Stimmen des Tages
und die Stimmen der Nacht.

Von der Freude und vom Leid

Dann sagte eine Frau: Sprich uns von der
Freude und vom Leid.
Und er antwortete:
Eure Freude ist euer Leid ohne Maske.
Und derselbe Brunnen, aus dem euer Lachen
aufsteigt, war oft von euren Tränen erfüllt.
Und wie könnte es anders sein?
Je tiefer sich das Leid in euer Sein eingräbt,
desto mehr Freude könnt ihr fassen.
Ist nicht der Becher, der euren Wein enthält,
dasselbe Gefäß, das im Ofen des Töpfers
gebrannt wurde?
Und ist nicht die Laute, die euren Geist
besänftigt, dasselbe Holz, das mit Messern
ausgehöhlt wurde?
Wenn ihr fröhlich seid, schaut tief in eure
Herzen, und ihr werdet finden, daß nur das,
was euch Leid bereitet hat, euch auch
Freude gibt.
Wenn ihr traurig seid, schaut wieder in eure

Herzen, und ihr werdet sehen, daß die
Wahrheit um das weint, was euch Vergnügen
bereitet hat.

Einige von euch sagen: «Freude ist größer
als Leid», und andere sagen: «Nein, Leid ist
größer.»

Aber ich sage euch, sie sind untrennbar.

Sie kommen zusammen, und wenn einer
allein mit euch am Tisch sitzt, denkt daran,
daß der andere auf eurem Bett schläft.

Wahrhaftig, wie die Schalen einer Waage
hängt ihr zwischen eurem Leid und eurer
Freude.

Nur wenn ihr leer seid, steht ihr still und im
Gleichgewicht.

Wenn der Schatzhalter euch hochhebt, um
sein Gold und sein Silber zu wiegen, muß
entweder eure Freude oder euer Leid steigen
oder fallen.

Von den Häusern

Dann trat ein Maurer vor und sagte:
Sprich uns von den Häusern.
Und er antwortete und sagte:
Baut eine Laube nach euren Vorstellungen in
der Wildnis, ehe ihr ein Haus innerhalb der
Stadtmauern baut.
Denn so wie ihr Heimkehrer in der
Dämmerung seid, so seid ihr auch Wanderer,
ewig Ferne und Einsame.
Euer Haus ist euer größerer Körper.
Es wächst in der Sonne und schläft in der
Stille der Nacht; und es ist nicht ohne
Träume.
Träumt euer Haus etwa nicht, und
verläßt es nicht träumend die Stadt für Hain
oder Hügel?
Könnte ich eure Häuser in meiner Hand
sammeln und sie wie ein Sämann in Wald
und Wiese ausstreuen!
Wären die Täler eure Straßen und die

grünen Pfade eure Gassen, damit ihr einander durch die Weinberge besuchen könntet und mit dem Duft der Erde im Gewand kämet! Aber das soll noch nicht sein.

In ihrer Angst trieben eure Vorväter euch zu nah zusammen. Und diese Angst wird noch eine kleine Weile dauern. Eine kleine Weile noch werden eure Stadtmauern eure Herde von euren Feldern trennen.

Und sagt mir, Leute von Orphalese, was habt ihr in diesen Häusern? Und was bewacht ihr hinter verriegelten Türen?

Habt ihr Frieden, den ruhigen Trieb, der eure Kraft offenbart?

Habt ihr Erinnerungen, schimmernde Bogen, die die Gipfel des Geistes umspannen?

Habt ihr Schönheit, die das Herz von Dingen, aus Holz und Stein geschaffen, zum heiligen Berg hinführt?

Sagt mir, habt ihr derlei in euren Häusern?

Oder habt ihr nur Bequemlichkeit und das
Verlangen nach Bequemlichkeit, dem
verstohlenen Ding, das euer Haus als Gast
betritt, dann zum Wirt und schließlich
zum Herrn wird?
Ja, und sie wird zum Bezähmer, und mit
Haken und Geißel macht sie Marionetten aus
euren höheren Wünschen.
Obwohl ihre Hände aus Seide sind, ist ihr
Herz aus Eisen.
Sie wiegt euch in den Schlaf, nur um neben
eurem Bett zu stehen und sich über die
Würde des Fleisches lustig zu machen.
Sie verspottet euren gesunden Verstand und
legt ihn in Distelwolle wie ein zerbrechliches
Gefäß.
Wahrhaftig, das Verlangen nach Bequem-
lichkeit tötet die Leidenschaft der Seele und
folgt dann grinsend ihrem Leichenzug.
Aber ihr, Kinder der Erde, ihr Ruhelosen in

der Ruhe, ihr werdet weder in die Falle
gehen noch gezähmt werden.

Euer Haus soll kein Anker, sondern ein Mast
sein. Es soll kein schimmerndes Häutchen
sein, das eine Wunde bedeckt, sondern ein
Augenlid, das das Auge behütet.

Ihr sollt nicht eure Flügel falten, damit ihr
durch Türen kommt, noch eure Köpfe
beugen, damit sie nicht gegen eine Decke
stoßen, noch Angst haben zu atmen, damit
die Mauern nicht bersten und einstürzen.

Ihr sollt nicht in Gräbern wohnen, die von
den Toten für die Lebenden gemacht sind.
Und obwohl von Pracht und Glanz, sollte
euer Haus weder euer Geheimnis hüten,
noch eure Sehnsucht beherbergen.

Denn was grenzenlos in euch ist, wohnt im
Palast des Himmels, dessen Tor der Morgen-
nebel ist und dessen Fenster die Lieder und
die Stille der Nacht sind.

Von den Kleidern

Und der Weber sagte: Sprich uns von den
Kleidern.
Und er antwortete:
Eure Kleider verbergen viel von eurer
Schönheit, doch verstecken sie nicht das
Unschöne.
Und obwohl ihr in Gewändern die Freiheit
des Persönlichen sucht, könnt ihr darin einen
Zügel und eine Kette finden.
Könntet ihr der Sonne und dem Wind mit
mehr Haut und weniger Kleidung begegnen!
Denn der Atem des Lebens ist im Sonnen-
licht, und die Hand des Lebens ist im Wind.
Einige von euch sagen: «Der Nordwind hat
die Kleider gewebt, die wir tragen.»
Und ich sage: Ja, es war der Nordwind,
Aber Scham war sein Webstuhl, und Schlaff-
heit sein Faden.
Und als seine Arbeit getan war, lachte er im
Wald.

Vergeßt nicht, daß Züchtigkeit ein Schild
gegen die Augen der Unreinen ist.
Und wenn die Unreinen nicht mehr sind,
was ist Züchtigkeit dann anderes als eine
Fessel und eine Trübung des Geistes?
Und vergeßt nicht, daß es die Erde freut,
eure nackten Füße zu spüren und daß die
Winde sich danach sehnen, mit eurem Haar
zu spielen.

Vom Kaufen und Verkaufen

Und ein Kaufmann sagte: Sprich uns vom
Kaufen und Verkaufen.
Und er antwortete und sagte:
Die Erde gibt euch ihre Frucht, und es wird
euch an nichts mangeln, wenn ihr nur wißt,
wie ihr eure Hände füllt.
Im Austausch der Gaben der Erde werdet ihr
Fülle finden und gesättigt sein.
Doch wenn der Austausch nicht in Liebe und
freundlicher Gerechtigkeit stattfindet, wird
er bloß einige zur Gier und andere zum
Hunger führen.
Wenn ihr Arbeiter des Meeres, der Felder
und der Weinberge auf dem Markt die
Weber, Töpfer und Gewürzhändler trefft,
Dann beschwört den höchsten Geist der
Erde, in eure Mitte zu kommen und die
Waagen und die Rechnungen zu segnen, die
Wert gegen Wert abwägen.
Und duldet bei euren Tauschgeschäften nicht

die mit leeren Händen, die ihre Worte gegen
eure Arbeit verkaufen möchten.
Solchen Männern solltet ihr sagen:
«Kommt mit uns aufs Feld oder fahrt mit
unseren Brüdern zur See und werft eure
Netze aus;
Denn das Land und das Meer werden sich
euch gegenüber genauso freigebig zeigen wie
uns.»
Und wenn die Sänger und Tänzer und die
Flötenspieler kommen, nehmt auch von
ihren Gaben.
Denn auch sie sind Sammler von Früchten
und Weihrauch, und was sie bringen, obwohl aus Träumen geschaffen, ist Kleidung
und Nahrung für eure Seele.

Und bevor ihr den Marktplatz verlaßt, seht
zu, daß niemand mit leeren Händen seines
Weges gegangen ist.

Denn der höchste Geist der Erde wird nicht friedlich auf dem Wind schlafen, bis die Bedürfnisse auch des Geringsten unter euch befriedigt sind.

Von Schuld und Sühne

Dann trat einer der Richter der Stadt vor
und sagte: Sprich uns von Schuld und Sühne.
Und er antwortete und sagte:
Wenn euer Geist mit dem Wind wandert,
Begeht ihr, allein und unbewacht, ein Un-
recht an anderen und dadurch an euch selber.
Und für dieses begangene Unrecht müßt ihr
am Tor der Seligen anklopfen und eine Weile
unbeachtet warten.
Wie der Ozean ist das Göttliche in euch;
Es bleibt ewig unbefleckt.
Und wie der Äther erhebt es nur die
Beflügelten.
Wie die Sonne auch ist das Göttliche in euch;
Es kennt nicht die Gänge des Maulwurfs,
noch sucht es die Höhlen der Schlange.
Doch das Göttliche wohnt nicht allein in
eurem Sein.
Vieles in euch ist noch Mensch, und vieles in
euch ist noch nicht Mensch,

Sondern ein formloser Zwerg, der im Nebel
schlafwandelt und nach seinem Erwachen
sucht.

Und von dem Menschen in euch möchte ich
jetzt sprechen.

Denn er ist es und nicht das Göttliche in euch
und auch nicht der Zwerg im Nebel, der
Schuld und Sühne kennt.

Oft habe ich euch von einem, der ein
Unrecht begeht, reden hören, als sei er nicht
einer von euch, sondern ein Fremder und
ein Eindringling in eure Welt.

Aber ich sage euch, selbst wie der Heilige
und Rechtschaffene nicht über das Höchste
hinaussteigen kann, das in jedem von
euch ist,

So kann der Böse und Schwache nicht tiefer
fallen als das Niedrigste, das auch in euch ist.

Und wie ein einzelnes Blatt nicht ohne das
stille Wissen des ganzen Baumes vergilbt,

So kann auch der Übeltäter kein Unrecht
tun ohne den verborgenen Willen von euch
allen.
Wie in einer Prozession geht ihr zusammen
eurem göttlichen Ich entgegen.
Ihr seid der Weg und die Reisenden.
Und wenn einer von euch fällt, fällt er für
die hinter ihm, eine Warnung vor dem
Stolperstein.
Ja, und er fällt für die vor ihm, die, obgleich
schneller und sicherer im Schritt, den Stein
des Anstoßes nicht entfernten.
Und noch dies, mögen die Worte euch auch
schwer auf dem Herzen liegen:
Der Ermordete ist nicht ohne Verantwortung
an seiner Ermordung
Und der Beraubte nicht schuldlos an seiner
Beraubung.
Der Rechtschaffene ist nicht unschuldig an
den Taten des Bösen,

Und der mit sauberen Händen ist nicht rein
von den Taten des Missetäters.
Ja, der Schuldige ist oft das Opfer des
Geschädigten.
Und noch öfter ist der Verurteilte der
Sündenbock für den Schuldlosen und den
nicht Beschuldigten.
Ihr könnt nicht den Gerechten vom Unge-
rechten trennen und nicht den Guten vom
Bösen;
Denn sie stehen zusammen vor dem
Angesicht der Sonne, wie der schwarze
und der weiße Faden zusammengewebt
sind.
Und wenn der schwarze Faden reißt, wird
der Weber das ganze Gewebe prüfen und
auch den Webstuhl untersuchen.
Wenn einer von euch die untreue Ehefrau
zur Anklage bringt,
Soll er auch das Herz ihres Ehemannes in die

Waagschale legen und seine Seele mit
gleichem Maß messen.

Und der den Übeltäter auspeitschen will, soll
den Geist dessen erforschen, dem Übles getan
wurde.

Und wenn einer von euch im Namen der
Rechtschaffenheit strafen und die Axt an den
Baum des Bösen legen möchte, soll er ihn bis
zu seinen Wurzeln prüfen;

Und wahrhaftig, er wird die Wurzeln
des Guten und Bösen finden, des Fruchtbaren
und des Unfruchtbaren, alle ineinander
verflochten im stillen Herzen der Erde.

Und ihr Richter, die ihr gerecht sein wollt,
Welches Urteil sprecht ihr über den, der
zwar aufrichtig im Fleisch, im Geist aber ein
Dieb ist?

Welche Strafe verhängt ihr über den, der im
Fleisch tötet, im Geist jedoch selber getötet
wird?

Und wie verfolgt ihr den, der in seinen
Handlungen ein Betrüger und Unterdrücker,
Doch auch gekränkt und verletzt ist?
Und wie werdet ihr die bestrafen, deren
Reue schon größer ist als ihre Untaten?
Ist nicht die Reue das Recht, das von dem
Gesetz gesprochen wird, dem ihr gern dienen
würdet?
Doch ihr könnt nicht dem Unschuldigen
Reue auferlegen, noch sie dem Herzen des
Schuldigen abnehmen.
Unaufgefordert wird sie in der Nacht
anklopfen, damit die Menschen wachen und
sich anschauen.
Und wie wollt ihr Gerechtigkeit verstehen,
wenn ihr nicht alle Taten im vollen Licht
anschaut?
Erst dann werdet ihr wissen, daß der Auf-
rechte und der Gefallene nichts als ein
Mensch sind, der zwischen der Nacht seines

kleinlichen Ichs und dem Tag seines
göttlichen Ichs im Dämmer steht,
Und daß der Eckstein des Tempels nicht
höher ist als der niedrigste Stein in seinem
Fundament.

Von den Gesetzen

Dann sagte ein Rechtsgelehrter: Aber wie
ist es mit unseren Gesetzen, Meister?
Und er antwortete:
Es freut euch, Gesetze zu erlassen,
Doch mehr freut es euch, sie zu brechen.
Wie Kinder, die am Meer spielen und mit
Ausdauer Sandburgen bauen, um sie dann
lachend zu zerstören.
Aber während ihr eure Sandburgen baut,
bringt der Ozean mehr Sand an den Strand,
Und wenn ihr sie zerstört, lacht der Ozean
mit euch.
Wahrhaftig, der Ozean lacht immer mit den
Unschuldigen.
Aber was ist mit denen, für die das Leben
kein Ozean ist und für die von Menschen
gemachte Gesetze keine Sandburgen sind,
Sondern für die das Leben ein Fels ist und das
Gesetz ein Meißel, mit dem sie es gern nach
ihrem Ebenbild formen möchten?

Was mit dem Krüppel, der die Tänzer haßt?
Was mit dem Ochsen, der sein Joch liebt und
den Elch und das Wild des Waldes für
streunende und heimatlose Wesen hält?
Was mit der alten Schlange, die ihre Haut
nicht abstreifen kann und alle anderen nackt
und schamlos nennt?
Und was mit dem, der früh zum
Hochzeitsfest kommt und dann übersättigt
und müde seines Weges geht und sagt,
daß alle Feste Gesetzesübertretungen seien
und alle Feiernden Gesetzesbrecher?
Was soll ich von jenen sagen, außer daß auch
sie im Sonnenlicht stehen, aber mit dem
Rücken zur Sonne?
Sie sehen nur ihre Schatten, und ihre Schatten
sind ihre Gesetze.
Und was ist ihnen die Sonne anderes als
etwas, das Schatten wirft?
Und was heißt, die Gesetze anzuerkennen

anderes als sich zu bücken und ihre Schatten auf der Erde nachzuzeichnen?

Aber ihr, die ihr mit dem Angesicht zur Sonne geht, welche auf die Erde gezeichneten Bilder können euch halten?

Ihr, die ihr mit dem Wind reist, welcher Wetterhahn soll euch den Weg weisen?

Welches Menschengesetz soll euch binden, wenn ihr euer Joch zerbrecht, aber an niemandes Gefängnistür rüttelt?

Welche Gesetze sollt ihr fürchten, wenn ihr tanzt, aber über niemandes eiserne Ketten stolpert?

Und wer soll euch vor Gericht stellen, wenn ihr euer Gewand herunterreißt, aber es niemandem an den Weg legt?

Leute von Orphalese, ihr könnt die Trommel dämpfen und die Saiten der Leier lockern, doch wer soll der Lerche befehlen, nicht zu singen?

Von der Freiheit

Und ein Redner sagte: Sprich uns von der
Freiheit.
Und er antwortete:
Am Stadttor und an eurem Herd habe ich
euch unterwürfig und in Anbetung eurer
Freiheit gesehen,
Wie Sklaven sich vor einem Tyrannen
erniedrigen und ihn preisen, obwohl er sie
tötet.
Ja, im Hain des Tempels und im Schatten der
Zitadelle habe ich die Freiesten unter euch
ihre Freiheit als Joch und Handschellen
tragen sehen.
Und das Herz blutete mir;
denn ihr könnt nur frei sein, wenn
selbst der Wunsch, die Freiheit zu suchen,
euch zum Zügel wird und wenn ihr
aufhört, von Freiheit als Ziel und Erfüllung
zu reden.
Wirklich frei werdet ihr nicht sein, wenn

eure Tage ohne Sorge sind und eure Nächte
ohne jeden Wunsch und Kummer,
Sondern erst dann, wenn sie euer Leben
umfassen und ihr euch dennoch nackt und
ungebunden über sie erhebt.
Und wie wollt ihr euch über eure Tage
und Nächte erheben, wenn ihr nicht
die Ketten brecht, die ihr im Morgengrauen
eures Verstehens eurer Mittagsstunde
angelegt habt?
In Wahrheit ist das, was ihr Freiheit nennt,
die stärkste dieser Ketten, wenn auch ihre
Glieder in der Sonne glitzern und eure Augen
blenden.
Und was sind es anders als Teile eures eigenen
Ichs, die ihr ablegen wollt, um frei zu
werden?
Wenn es ein ungerechtes Gesetz ist, das ihr
abschaffen wollt, dann habt ihr es mit eigener
Hand auf eure Stirn geschrieben.

Ihr könnt es nicht auslöschen, indem ihr eure Gesetzbücher verbrennt oder die Stirn eurer Richter wascht, und wenn ihr das Meer darauf gießt.

Und wenn es ein Despot ist, den ihr vom Thron stürzen wollt, seht zu, daß sein Thron zerstört wird, den ihr in euch errichtet habt. Denn wie kann ein Tyrann die Freien und Stolzen regieren, außer durch eine Tyrannei ihrer eigenen Freiheit und eine Scham über ihren eigenen Stolz?

Und wenn es eine Sorge ist, die ihr ablegen wollt, ist diese Sorge eher von euch gewählt als euch auferlegt.

Und wenn es eine Angst ist, die ihr verjagen wollt, ist der Sitz dieser Furcht in eurem Herzen und nicht in der Hand des Gefürchteten.

Wahrhaftig, all das umarmt sich ständig in euch, das Ersehnte und das Gefürchtete, das

Abstoßende und das Geschätzte, das Erstrebte
und das, dem ihr ausweichen wollt.
All das bewegt sich paarweise in euch wie
Licht und Schatten, die einander verhaftet
sind.
Und wenn der Schatten verblaßt und nicht
mehr da ist, wird das Licht, das verweilt,
zum Schatten eines anderen Lichts.
Und so wird eure Freiheit, wenn sie ihre
Fesseln ablegt, selber zur Fessel einer größeren
Freiheit.

Von Vernunft und Leidenschaft

Und wieder sprach die Priesterin: Sprich uns
von der Vernunft und von der Leidenschaft.
Und er antwortete und sagte:
Eure Seele ist oft ein Schlachtfeld, auf dem
eure Vernunft und euer Verstand Krieg gegen
eure Leidenschaft und eure Gelüste führen.
Könnte ich der Friedensstifter in eurer Seele
sein und den Mißklang und die Zwietracht
eurer Wesen in Einklang und Harmonie
verwandeln!
Aber wie kann ich das, wenn ihr nicht selber
auch Friedensstifter seid, nein, mehr noch,
euer ganzes Wesen liebt?
Eure Vernunft und eure Leidenschaft sind
das Ruder und die Segel eurer seefahrenden
Seele.
Wenn eure Segel oder Ruder brechen, könnt
ihr nur noch schlingern und treiben oder auf
hoher See festgehalten werden.
Denn die Vernunft ist, wenn sie allein waltet,

eine einengende Kraft; und unbewacht
ist die Leidenschaft eine Flamme, die bis zur
Selbstzerstörung brennt.

Daher laßt die Seele eure Vernunft auf den
Gipfel der Leidenschaft heben, damit sie
singt;

Und laßt sie eure Leidenschaft mit Vernunft
lenken, damit eure Leidenschaft ihre tägliche
Auferstehung erlebt und sich wie der Phönix
aus der Asche erhebt.

Ich wollte, ihr betrachtet euren Verstand
und eure Gelüste wie zwei geliebte Gäste in
eurem Haus.

Sicher würdet ihr einen Gast nicht mehr
ehren als den anderen; denn wer den einen
mehr beachtet, verliert die Liebe und das
Vertrauen beider.

Wenn ihr zwischen den Hügeln im kühlen
Schatten der weißen Pappeln sitzt und am
Frieden und der Heiterkeit der Felder und

Wiesen teilhabt – dann laßt euer Herz
schweigend sagen: «Gott ruht in der
Vernunft.»
Und wenn der Sturm kommt und der
mächtige Wind den Wald erschüttert und
Donner und Blitz die Erhabenheit des
Himmels verkünden – dann laßt euer Herz
in Ehrfurcht sagen: «Gott bewegt sich in der
Leidenschaft.»
Und da ihr ein Atemzug in Gottes Sphäre
seid und ein Blatt in Gottes Wald, sollt auch
ihr in der Vernunft ruhen und in der
Leidenschaft euch regen.

Vom Schmerz

Und eine Frau sagte: Sprich uns vom
Schmerz.
Und er antwortete:
Euer Schmerz ist das Zerbrechen der Schale,
die euer Verstehen umschließt.
Wie der Kern der Frucht zerbrechen muß,
damit sein Herz die Sonne erblicken kann,
so müßt auch ihr den Schmerz erleben.
Und könntet ihr in eurem Herzen das
Staunen über die täglichen Dinge des Lebens
bewahren, würde euch der Schmerz
nicht weniger wundersam scheinen als die
Freude;
Und ihr würdet die Jahreszeiten eures
Herzens hinnehmen, wie ihr stets die Jahres-
zeiten hingenommen habt, die über eure
Felder streifen.
Und ihr würdet die Winter eures Kummers
mit Heiterkeit überstehen.
Vieles von eurem Schmerz ist selbstgewählt.

Er ist der bittere Trank, mit dem der Arzt in euch das kranke Ich heilt.

Daher traut dem Arzt und trinkt seine Arznei schweigend und still:

Denn seine Hand, obwohl schwer und hart, wird von der zarten Hand des Unsichtbaren gelenkt,

Und der Becher, den er bringt, ist, obwohl er eure Lippen verbrennt, geformt aus dem Ton, den der Töpfer mit seinen heiligen Tränen benetzt hat.

Von der Selbsterkenntnis

Und ein Mann sagte: Sprich uns von der
Selbsterkenntnis.
Und er antwortete und sagte:
Eure Herzen kennen im stillen die
Geheimnisse der Tage und Nächte.
Aber eure Ohren dürsten nach den Klängen
des Wissens in euren Herzen.
Ihr wollt in Worten wissen, was ihr in
Gedanken immer gewußt habt.
Ihr wollt mit den Händen den nackten
Körper eurer Träume berühren.
Und das ist gut so.
Die verborgene Quelle eurer Seele muß
unbedingt emporsteigen und murmelnd
zum Meer fließen; Und der Schatz eurer
unendlichen Tiefen möchte euren Augen
offenbart werden. Aber wiegt den
unbekannten Schatz nicht mit Waagschalen.
Und erforscht die Tiefen eures Wissens nicht
mit Meßstock oder Senkschnur.

Denn das Ich ist ein Meer, grenzenlos und
unermeßlich.
Sagt nicht: «Ich habe die Wahrheit
gefunden», sondern lieber: «Ich habe eine
Wahrheit gefunden.»
Sagt nicht: «Ich habe den Pfad der Seele
gefunden.» Sagt lieber: «Ich habe die Seele
auf meinem Pfad wandelnd getroffen.»
Denn die Seele wandelt auf allen Pfaden.
Die Seele wandelt nicht auf einer Linie, noch
wächst sie wie ein Schilfrohr.
Die Seele entfaltet sich wie eine Lotosblume
mit zahllosen Blättern.

Vom Lehren

Dann sagte ein Lehrer: Sprich uns vom
Lehren.
Und er sagte:
Niemand kann euch etwas eröffnen,
das nicht schon im Dämmern eures Wissens
schlummert.
Der Lehrer, der zwischen seinen Jüngern im
Schatten des Tempels umhergeht, gibt nicht
von seiner Weisheit, sondern eher von seinem
Glauben und seiner Liebe.
Wenn er wirklich weise ist, fordert er
euch nicht auf, ins Haus seiner Weisheit
einzutreten, sondern führt euch an die
Schwelle eures eigenen Geistes.
Der Astronom kann euch von seinem
Verständnis des Weltraums reden, aber er
kann euch nicht sein Verständnis geben.
Der Musiker kann euch vom Rhythmus
singen, der im Weltraum ist, aber er kann
euch weder das Ohr geben, das den

Rhythmus festhält, noch die Stimme, die ihn
wiedergibt.
Und wer der Wissenschaft der Zahlen
kundig ist, kann vom Reich der Gewichte
und Maße berichten, aber er kann euch nicht
dorthin führen.
Denn die Einsicht eines Menschen verleiht
ihre Flügel keinem anderen.
Und wie jeder von euch allein in Gottes
Wissen steht, so muß jeder von euch allein
in seinem Wissen von Gott und seinem
Verständnis der Erde sein.

Von der Freundschaft

Und ein junger Mann sagte: Sprich uns
von der Freundschaft.
Und er antwortete und sagte:
Euer Freund ist die Antwort auf eure Nöte.
Er ist das Feld, das ihr mit Liebe besät und
mit Dankbarkeit erntet.
Und er ist euer Tisch und euer Herd.
Denn ihr kommt zu ihm mit eurem Hunger,
und ihr sucht euren Frieden bei ihm.
Wenn euer Freund frei heraus spricht,
fürchtet ihr weder das «Nein» in euren Ge-
danken, noch haltet ihr mit dem «Ja» zurück.
Und wenn er schweigt, hört euer Herz nicht
auf, dem seinen zu lauschen;
Denn in der Freundschaft werden alle
Gedanken, alle Wünsche, alle Erwartungen
ohne Worte geboren und geteilt, mit Freude,
die keinen Beifall braucht.
Wenn ihr von eurem Freund weggeht,
trauert ihr nicht;

Denn was ihr am meisten an ihm liebt,
ist vielleicht in seiner Abwesenheit klarer,
wie der Berg dem Bergsteiger von der Ebene
aus klarer erscheint.
Und die Freundschaft soll keinen anderen
Zweck haben, als den Geist zu vertiefen.
Denn Liebe, die etwas anderes sucht als die
Offenbarung ihres eigenen Mysteriums, ist
nicht Liebe, sondern ein ausgeworfenes Netz:
und nur das Nutzlose wird gefangen.
Und laßt euer Bestes für euren Freund sein.
Wenn er die Ebbe eurer Gezeiten kennen
muß, laßt ihn auch das Hochwasser kennen.
Denn was ist ein Freund, wenn ihr ihn nur
aufsucht, um die Stunden totzuschlagen?
Sucht ihn auf, um die Stunden mit ihm zu
erleben.
Denn er ist da, eure Bedürfnisse zu
befriedigen, nicht aber eure Leere auszu-
füllen.

Und in der Süße der Freundschaft laßt
Lachen sein und geteilte Freude.
Denn im Tau kleiner Dinge findet das Herz
seinen Morgen und wird erfrischt.

Vom Reden

Und dann sagte ein Gelehrter: sprich vom
Reden.
Und er antwortete und sagte:
Ihr redet, wenn ihr aufhört, mit euren
Gedanken in Frieden zu sein;
Und wenn ihr nicht länger in der Einsamkeit
eures Herzens verweilen könnt,
lebt ihr in euren Lippen, und das Wort ist
euch Ablenkung und Zeitvertreib.
Und in vielen eurer Gespräche wird das
Denken halb ermordet.
Denn der Gedanke ist ein Vogel, der Raum
braucht und in einem Käfig von Worten
zwar seine Flügel ausbreiten, aber nicht
fliegen kann.
Es sind welche unter euch, die den
Redseligen suchen, weil sie Angst haben,
allein zu sein.
Die Stille des Alleinseins offenbart ihren Augen ihr nacktes Ich, und sie möchten flüchten.

Und es sind welche unter euch, die reden
und dabei ohne Wissen oder Absicht eine
Wahrheit aufdecken, die sie selber nicht
verstehen.

Und wieder andere haben die Wahrheit in
sich, aber sie drücken sie nicht in Worten aus.
In der Brust solcher Menschen weilt der
Geist in rhythmischer Stille.

Wenn ihr euren Freund auf der Straße
oder auf dem Marktplatz trefft, soll der Geist
in euch eure Lippen bewegen und eure
Zunge lenken.

Soll die Stimme in eurer Stimme zum Ohr
seines Ohrs sprechen;

Denn seine Seele wird die Wahrheit eures
Herzens bewahren, wie man sich an den
Geschmack von Wein erinnert,

Wenn auch seine Farbe vergessen und das
Gefäß nicht mehr da ist.

Von der Zeit

Und ein Astronom sagte: Meister, was ist mit
der Zeit?
Und er antwortete:
Ihr wollt die Zeit messen, die maßlose und
unermeßliche.
Nach Stunden und Jahreszeiten wollt ihr
euren Wandel richten und sogar den Lauf
des Geistes lenken.
Aus der Zeit wollt ihr einen Strom machen,
an dessen Ufer ihr sitzt und zuschaut, wie er
fließt.
Doch das Zeitlose in euch ist sich der
Zeitlosigkeit des Lebens bewußt
Und weiß, daß Gestern nichts anderes ist
als die Erinnerung von Heute und Morgen
der Traum von Heute.
Und daß, was in euch singt und sinnt,
immer noch innerhalb der Grenzen jenes
ersten Augenblicks weilt, der die Sterne
in den Weltraum schleuderte.

Wer unter euch fühlt nicht, daß seine Kraft
zu lieben grenzenlos ist?
Und wer fühlt dennoch nicht, daß die Liebe,
obgleich grenzenlos, im Kern seines Seins eingeschlossen ist und nicht von Liebesgedanken
zu Liebesgedanken oder von Liebestat zu
Liebestat zieht?
Und ist nicht die Zeit wie die Liebe, ungeteilt
und ungezügelt?
Doch wenn ihr in eurem Denken die Zeit
in Jahreszeiten messen müßt, laßt eine jede
Jahreszeit all die anderen umfassen,
Und laßt das Heute die Vergangenheit mit
Erinnerung umschlingen und die Zukunft
mit Sehnsucht.

Vom Guten und Bösen

Und einer der Ältesten der Stadt sagte:
Sprich uns vom Guten und Bösen.
Und er antwortete:
Vom Guten in euch kann ich sprechen, aber
nicht vom Bösen.
Denn was ist das Böse anderes als das Gute,
von seinem eigenen Hunger und Durst
gequält?
Wahrhaftig, wenn das Gute hungrig ist,
sucht es Nahrung sogar in dunklen Höhlen;
und wenn es durstig ist, trinkt es sogar aus
toten Gewässern.
Ihr seid gut, wenn ihr eins mit euch seid.
Doch wenn ihr nicht eins mit euch seid,
seid ihr dennoch nicht böse.
Denn ein uneiniges Haus ist keine Räuber-
höhle; es ist nur ein entzweites Haus.
Und ein Schiff ohne Ruder kann ziellos
zwischen gefährlichen Inseln treiben und
doch nicht auf den Grund sinken.

Ihr seid gut, wenn ihr danach strebt,
von euch selber zu geben.
Doch ihr seid nicht böse, wenn ihr danach
trachtet, etwas für euch selber zu gewinnen.
Denn wenn ihr nach Gewinn trachtet,
seid ihr nichts als eine Wurzel,
die sich an die Erde klammert und an ihrer
Brust saugt.
Sicher kann die Frucht nicht zur Wurzel
sagen: «Sei wie ich, reif und voll, und gib
immer von deiner Fülle.»
Denn für die Frucht ist das Geben
eine Notwendigkeit, so wie Empfangen
eine Notwendigkeit für die Wurzel ist.
Ihr seid gut, wenn ihr hellwach seid in eurer
Rede.
Doch ihr seid nicht böse, wenn ihr schlaft,
während eure Zunge ziellos stammelt.
Und selbst holpriges Reden kann eine
schwache Zunge kräftigen.

Ihr seid gut, wenn ihr fest und mit kühnen
Schritten auf euer Ziel zugeht.
Doch ihr seid nicht böse, wenn ihr hinkend
darauf zugeht.
Selbst die Hinkenden gehen nicht rückwärts.
Aber ihr, die ihr stark und schnell seid, seht
zu, daß ihr nicht vor den Lahmen hinkt und
es für Freundlichkeit haltet.
Ihr seid auf zahllose Weisen gut, und ihr seid
nicht böse, wenn ihr nicht gut seid,
Ihr seid nur säumig und faul.
Schade, daß die Hirsche den Schildkröten
nicht Schnelligkeit beibringen können.
In eurer Sehnsucht nach eurem höchsten Ich
liegt eure Güte: und diese Sehnsucht ist in
allen von euch.
Aber in einigen von euch ist diese Sehnsucht
ein Wildwasser, das mit Macht zum Meer
rast und die Geheimnisse der Hügel und die
Lieder des Waldes mit sich trägt.

Und in anderen ist sie ein flacher Bach, der
sich in Windungen und Biegungen verliert
und sich aufhält, ehe er die Küste erreicht.
Aber wer viel ersehnt, sage nicht zu dem, der
wenig ersehnt: «Warum bist du so langsam
und zaghaft?»
Denn der wahrhaft Gute fragt nicht den
Nackten: «Wo ist dein Gewand?» und auch
nicht den Obdachlosen: «Was ist mit
deinem Haus geschehen?»

Vom Beten

Dann sagte eine Priesterin: Sprich uns vom
Beten.
Und er antwortete und sagte:
Ihr betet in eurer Not und Pein; würdet ihr
doch auch in der Fülle eurer Freude und in
den Tagen des Überflusses beten.
Denn was ist das Gebet anderes als die
Entfaltung eurer selbst in den lebendigen
Äther hinein?
Und wenn es zu eurem Trost ist,
das Finstere in euch in den Raum zu ergießen,
ist es auch zu eurer Freude, die Morgenröte
eures Herzens darin zu verströmen.
Und wenn ihr nichts anderes könnt
als weinen, wenn eure Seele euch zum Beten
aufruft, sollte sie euch trotz des Weinens
immer und immer wieder dazu anspornen,
bis ihr lacht.
Wenn ihr betet, erhebt ihr euch und trefft
in den Lüften jene, die zur selben Stunde

beten und denen ihr nur im Gebet begegnen
könnt.

Daher soll euer Besuch in diesem
unsichtbaren Tempel nur der Verzückung
und süßen Kommunion dienen.

Denn wenn ihr den Tempel aus keinem
anderen Grund betreten solltet als zu bitten,
werdet ihr nicht empfangen:

Und wenn ihr ihn betreten solltet, um euch
zu erniedrigen, werdet ihr nicht erhöht:

Oder sogar wenn ihr ihn betreten solltet,
um zum Wohl anderer zu bitten, werdet ihr
nicht erhört.

Es ist genug, daß ihr den unsichtbaren
Tempel betretet.

Ich kann euch nicht lehren, wie man in
Worten betet.

Gott hört nicht auf eure Worte, außer wenn
Er selber sie durch eure Lippen ausspricht.

Und ich kann euch nicht das Gebet der

Meere und der Wälder und der Berge
lehren.

Aber ihr, die ihr aus den Bergen und
den Wäldern und den Meeren geboren seid,
könnt ihr Gebet in eurem Herzen finden,
Und wenn ihr nur in der Stille der Nacht
hinhört, werdet ihr sie schweigend sagen
hören:

«Unser Gott, der du bist unser geflügeltes
Ich, es ist dein Wille in uns, der will.
Es ist dein Wunsch in uns, der wünscht.
Es ist dein Drängen in uns, das unsere
Nächte, die dein sind, in Tage verwandelt,
die auch dein sind.
Wir können dich um nichts bitten, denn du
kennst unsere Bedürfnisse, ehe sie in uns
geboren werden;
dich brauchen wir; und indem du uns mehr
von dir gibst, gibst du uns alles.»

Vom Vergnügen

Dann trat ein Einsiedler vor, der die Stadt
einmal im Jahr besuchte, und sagte:
Sprich uns vom Vergnügen.
Und er antwortete und sagte:
Vergnügen ist ein Lied der Freiheit,
Aber es ist keine Freiheit.
Es ist die Blüte eurer Wünsche,
Aber es ist nicht ihre Frucht.
Es ist eine Tiefe, die nach einer Höhe ruft,
Aber es ist weder tief noch hoch.
Es ist das Vergitterte, das sich davonschwingt,
Aber es ist nichts Raumumfassendes.
Ja, wahrhaftig, Vergnügen ist ein Lied der
Freiheit.
Und gerne hätte ich, ihr würdet es aus
vollem Herzen singen; doch will ich nicht,
daß ihr eure Herzen beim Singen verliert.
Einige Junge unter euch suchen das
Vergnügen, als sei es alles, und sie werden
getadelt und verurteilt.

Ich würde sie weder tadeln noch verurteilen.
Ich würde sie suchen lassen.
Denn sie werden Vergnügen finden,
aber nicht es allein;
Sieben Schwestern hat es an der Zahl,
und die geringste von ihnen ist schöner als
das Vergnügen.
Habt ihr nicht von dem Mann gehört, der in
der Erde nach Wurzeln grub und einen
Schatz fand?
Und einige Ältere unter euch erinnern sich
an Vergnügungen mit Bedauern wie an
Untaten, begangen in der Trunkenheit.
Aber Bedauern ist die Trübung des Geistes
und nicht seine Läuterung.
Sie sollten sich ihrer Vergnügungen mit
Dankbarkeit erinnern, wie an die Ernte eines
Sommers.
Doch wenn Bedauern sie tröstet, soll es sie
trösten.

Und es sind welche unter euch, die weder
jung genug sind, um zu suchen, noch alt
genug, um sich zu erinnern;
Und in ihrer Angst vor dem Suchen
und Erinnern scheuen sie alle Vergnügungen,
damit sie den Geist nicht vernachlässigen
oder sich daran versündigen.
Aber selbst in ihrem Verzicht liegt
Vergnügen.
Und so finden auch sie einen Schatz, obwohl
sie mit zitternden Händen nach Wurzeln
graben.
Aber sagt mir, wer kann den Geist verletzen?
Wird die Nachtigall die Stille der Nacht
verletzen oder der Glühwurm die Sterne?
Und wird eure Flamme oder euer Rauch
dem Wind etwas aufbürden?
Meint ihr, der Geist sei ein stiller Tümpel,
den ihr mit einem Stab aufwirbeln könnt?
Oft, indem ihr euch Vergnügen versagt,

verlagert ihr bloß das Verlangen danach
in die dunklen Winkel eures Seins.
Wer weiß, ob was heute ausgelassen scheint,
nicht auf morgen wartet?
Selbst euer Körper kennt sein Erbe und seine
berechtigten Bedürfnisse und will nicht
betrogen werden.
Und euer Körper ist die Harfe eurer Seele,
Und es ist an euch, süße Musik aus ihm zu
locken oder wirre Töne.

Und nun fragt ihr in eurem Herzen:
«Wie sollen wir das Gute am Vergnügen von
dem unterscheiden, was nicht gut ist?»
Geht auf eure Felder und in eure Gärten,
und ihr werdet lernen, daß es der Biene ein
Vergnügen ist, Honig aus der Blume zu
sammeln,
Aber es ist auch der Blume ein Vergnügen,
ihren Honig der Biene zu geben.

Denn der Biene ist die Blume ein Quell
des Lebens,
Und der Blume ist die Biene ein Bote der
Liebe,
Und beiden, Biene und Blume,
ist es Bedürfnis und Verzückung, Vergnügen
zu geben und zu nehmen.
Leute von Orphalese, seid in euren
Vergnügungen wie die Blumen und die
Bienen.

Von der Schönheit

Und ein Dichter sagte: Sprich uns von der
Schönheit.
Und er antwortete:
Wo werdet ihr Schönheit suchen und
sie finden, wenn sie nicht selber euer Weg
und Führer ist?
Und wie werdet ihr von ihr sprechen,
wenn sie nicht selber die Weberin eurer Rede
ist?
Die Gekränkten und Verletzten sagen:
«Schönheit ist gütig und sanft.
Wie eine junge Mutter, ein wenig schüchtern
wegen ihrer eigenen Herrlichkeit, geht sie
unter uns.»
Und die Leidenschaftlichen sagen:
«Nein, Schönheit ist ein machtvolles und
furchterregendes Wesen.
Wie der Sturm schüttelt sie die Erde unter
uns und den Himmel über uns.»
Die Müden und die Erschöpften sagen:

«Schönheit ist sanftes Geflüster. Sie spricht
in unserem Geist.
Ihre Stimme fügt sich unserer Stille wie
ein schwaches Licht, das in Angst vor dem
Schatten zittert.»
Doch die Ruhelosen sagen: «Wir haben sie
in den Bergen rufen hören,
Und mit ihren Rufen kamen Hufgeräusche
und Flügelschlagen und Löwengebrüll.»
Bei Nacht sagen die Wächter der Stadt:
«Schönheit wird sich mit der Morgenröte aus
dem Osten erheben.»
Und zur Mittagszeit sagen die Arbeiter und
Wanderer: «Wir haben gesehen, wie sie sich
aus den Fenstern der Abendröte über die
Erde neigte.»

Im Winter sagen die Eingeschneiten:
«Sie wird mit dem Frühling über die Hügel
gesprungen kommen.»

Und in der Sommerhitze sagen die Schnitter:
«Wir haben sie mit den Herbstblättern
tanzen sehen, einen Schneestreif im Haar.»
All das habt ihr von der Schönheit gesagt,
Doch in Wahrheit spracht ihr nicht von ihr,
sondern von unbefriedigten Bedürfnissen,
Und Schönheit ist kein Bedürfnis, sondern
eine Verzückung.
Sie ist weder ein dürstender Mund noch eine
leere ausgestreckte Hand,
Sondern ein entflammtes Herz und eine
verzauberte Seele.
Sie ist weder das Bild, das ihr sehen möchtet,
noch das Lied, das ihr hören möchtet,
Sondern ein Bild, das ihr seht, obwohl ihr
eure Augen zumacht, und ein Lied,
das ihr hört, obwohl ihr eure Ohren
verschließt.
Sie ist weder der Saft in der schrundigen
Rinde noch ein Flügel an einer Klaue,

Sondern ein Garten in ständiger Blüte und
eine Engelschar in stetigem Flug.
Leute von Orphalese, Schönheit ist Leben,
wenn das Leben sein heiliges Gesicht
entschleiert.
Aber ihr seid das Leben, und ihr seid
der Schleier.
Schönheit ist Ewigkeit, die sich in einem
Spiegel anschaut.
Aber ihr seid die Ewigkeit, und ihr seid
der Spiegel.

Von der Religion

Und ein alter Priester sagte: Sprich uns von
der Religion.
Und er antwortete:
Habe ich heute von etwas anderem
gesprochen?
Ist nicht jede Tat und jede Betrachtung
Religion?
Und ist sie nicht gleichzeitig weder Tat
noch Nachdenken, sondern ein Wunder und
eine Überraschung, die ewig der Seele
entspringen, selbst während die Hände den
Stein behauen oder den Webstuhl
bedienen?
Wer kann seinen Glauben von seinen Taten
trennen oder seinen Glauben von seinen
Tätigkeiten?
Wer kann seine Stunden vor sich ausbreiten
und sagen: «Dies für Gott und dies für mich;
dies für meine Seele und dies für meinen
Körper?»

All eure Stunden sind Flügel, die von Ich zu
Ich durch den Raum gleiten.
Wer seine Sittlichkeit bloß als sein bestes
Gewand trägt, wäre besser nackt.
Der Wind und die Sonne werden keine
Löcher in seine Haut reißen.
Und wer seinen Lebenswandel durch die
Sittenlehre begrenzt, sperrt seinen Singvogel
in einen Käfig.
Das freieste Lied dringt nicht durch Gitter
und Draht.
Und wem die Andacht ein Fenster ist, das
man öffnet und schließt, der hat noch nicht
das Haus seiner Seele besucht, dessen Fenster
von Morgenröte zu Morgenröte reichen.
Euer tägliches Leben ist euer Tempel und
eure Religion. Wann immer ihr ihn betretet,
nehmt alles mit, was ihr habt.
Nehmt den Pflug und den Amboß und den
Hammer und die Laute,

Die Dinge, die ihr aus Notwendigkeit oder
zur Freude geschaffen habt.

Denn in euren Tagträumen könnt ihr euch
nicht über eure Leistungen erheben und auch
nicht tiefer fallen als eure Mißerfolge.

Und nehmt mit euch alle Menschen:

Denn in der Anbetung könnt ihr nicht höher
fliegen als ihre Hoffnungen und euch nicht
tiefer erniedrigen als ihre Hoffnungslosigkeit.

Und wenn ihr Gott erkennen wollt, bildet
euch deshalb nicht ein, die Rätsel lösen zu
können.

Schaut lieber um euch, und ihr werdet sehen,
wie Er mit euren Kindern spielt.

Und schaut in den Raum; ihr werdet sehen,
wie Er in der Wolke geht und Seine Arme im
Blitz ausstreckt und im Regen herabsteigt.

Ihr werdet sehen, wie Er in den Blumen
lächelt, aufsteigt und aus den Bäumen
winkt.

Vom Tod

Dann sprach Almitra: Wir möchten nun
nach dem Tod fragen.
Und er sagte: Ihr möchtet das Geheimnis des
Todes kennenlernen.
Aber wie werdet ihr es finden, wenn ihr es
nicht im Herzen des Lebens sucht?
Die Eule, deren Nachtaugen am Tag blind
sind, kann das Mysterium des Lichts nicht
entschleiern.
Wenn ihr wirklich den Geist des Todes
schauen wollt, öffnet eure Herzen weit dem
Körper des Lebens.
Denn Leben und Tod sind eins, so wie der
Fluß und das Meer eins sind.
In der Tiefe eurer Hoffnungen und Wünsche
liegt euer stilles Wissen um das Jenseits;
Und wie Samen, der unter dem Schnee
träumt, träumt euer Herz vom Frühling.
Traut den Träumen, denn in ihnen ist das
Tor zur Ewigkeit verborgen.

Eure Angst vor dem Tod ist nichts als das
Zittern des Hirten, wenn er vor dem König
steht, der ihm zur Ehre die Hand auflegen
wird.

Freut sich der Hirte unter seinem Zittern
nicht, daß er das Zeichen des Königs tragen
wird? Doch gewahrt er sein Zittern nicht
viel mehr? Denn was heißt sterben anderes,
als nackt im Wind zu stehen und in der Sonne
zu schmelzen?

Und was heißt nicht mehr zu atmen anderes,
als den Atem von seinen rastlosen Gezeiten
zu befreien, damit er emporsteigt und sich
entfaltet und ungehindert Gott suchen kann?

Nur wenn ihr vom Fluß der Stille trinkt,
werdet ihr wirklich singen.

Und wenn ihr den Gipfel des Berges erreicht
habt, dann werdet ihr anfangen zu steigen.

Und wenn die Erde eure Glieder fordert,
dann werdet ihr wahrhaft tanzen.

Der Abschied

Und nun war es Abend.
Und Almitra, die Seherin, sagte: Gesegnet sei
dieser Tag und dieser Ort und dein Geist,
der geredet hat.
Und er antwortete: War ich der Redner?
War ich nicht auch ein Zuhörer?
Dann ging er die Stufen des Tempels hinab,
und alle folgten ihm. Und er erreichte
sein Schiff und blieb auf dem Deck stehen.
Und sich nochmals an die Menschen
wendend, erhob er die Stimme und sagte:
Leute von Orphalese, der Wind gebietet mir,
euch zu verlassen.
Ich habe es weniger eilig als der Wind,
doch ich muß gehen.
Wir Wanderer, die immer den einsameren
Weg suchen, beginnen keinen Tag,
wo wir den letzten beendet haben; und kein
Sonnenaufgang findet uns, wo der
Sonnenuntergang uns verließ.

Selbst während die Erde schläft, reisen wir.
Wir sind die Samen der beharrlichen Pflanze,
und in unserer Reife und unserer Fülle des
Herzens werden wir dem Wind preisgegeben
und verstreut.
Kurz waren meine Tage unter euch und
kürzer noch die Worte, die ich gesprochen
habe.
Doch sollte meine Stimme in eurem Ohr
verklingen und meine Liebe eurer
Erinnerung entschwinden, dann werde ich
wiederkommen,
Und mit reicherem Herzen und dem Geist
willfährigeren Lippen werde ich sprechen.
Ja, ich werde wiederkehren mit der Flut,
Und mag der Tod mich verbergen und die
größere Stille mich umhüllen, ich werde
dennoch wieder euer Verstehen suchen.
Und nicht vergeblich werde ich suchen.
Wenn etwas wahr ist, das ich gesagt habe,

wird diese Wahrheit sich in einer klareren
Stimme offenbaren und in Worten, die euren
Gedanken enger verwandt sind.
Ich fahre mit dem Wind, Leute von
Orphalese, aber nicht in die Leere hinunter;
Und wenn dieser Tag nicht eine Erfüllung
eurer Bedürfnisse und meiner Liebe ist, dann
laßt ihn ein Versprechen auf einen anderen
Tag sein.
Die Bedürfnisse des Menschen ändern sich,
aber nicht seine Liebe und nicht sein
Wunsch, daß seine Liebe seine Bedürfnisse
befriedigen sollte.
Darum wißt, daß ich aus der größeren Stille
zurückkehren werde.
Der Nebel, der in der Morgenröte wegzieht
und nichts als Tau auf den Feldern
zurückläßt, wird emporsteigen und
sich in einer Wolke sammeln und dann
im Regen niederfallen.

Und nicht viel anders als der Nebel bin ich
gewesen.
In der Stille der Nacht bin ich durch eure
Straßen gegangen, und mein Geist ist in
eure Häuser eingekehrt,
Und eure Herzschläge waren in meinem
Herzen, und euer Atem war auf meinem
Gesicht, und ich kannte euch alle.
Ja, ich kannte eure Freude und euren
Schmerz, und wenn ihr schlieft, waren eure
Träume die meinen.
Und oft war ich unter euch ein See zwischen
Bergen.
Ich spiegelte die Gipfel in euch und die sich
neigenden Abhänge und sogar die vorbei-
ziehenden Herden eurer Gedanken und eurer
Wünsche.
Und in meine Stille drang das Lachen eurer
Kinder in Bächen und die Sehnsucht eurer
Jugendlichen in Strömen.

Und als sie meine Tiefe erreichten, hörten
die Bäche und die Ströme noch nicht auf zu
singen.
Aber Süßeres noch als Lachen und Größeres
noch als Sehnsucht kam zu mir.
Es war das Grenzenlose in euch;
Der unermeßliche Mensch, in dem ihr nichts
anderes seid als Zellen und Sehnen;
Er, in dessen Gesang all euer Singen nichts als
ein tonloses Pochen ist.
In ihm, dem unermeßlichen Menschen,
seid ihr unermeßlich,
Und indem ihr ihn erschautet, erschaute ich
euch und liebte euch.
Denn welche Entfernungen kann Liebe
erreichen, die nicht in jener unermeßlichen
Sphäre sind?
Welche Visionen, welche Erwartungen
und welche Mutmaßungen können sich
höher aufschwingen als ihr Flug?

Wie eine riesige Eiche, bedeckt mit
Apfelblüten, ist der unermeßliche Mensch
in euch.
Seine Macht bindet euch an die Erde, sein
Duft hebt euch in den Raum, und in seiner
Dauerhaftigkeit seid ihr unsterblich.
Euch ist gesagt worden, daß ihr gleich einer
Kette so schwach seid wie euer schwächstes
Glied.
Dies ist nur die halbe Wahrheit. Ihr seid auch
so stark wie euer stärkstes Glied.
Euch nach eurer geringsten Tat zu messen,
heißt, die Kraft des Ozeans nach der Zartheit
seines Schaums zu berechnen.
Euch nach euren Mißerfolgen zu beurteilen,
heißt, den Jahreszeiten ihre Unbeständigkeit
vorzuwerfen.
Ja, ihr seid wie ein Ozean,
Und obwohl fest verankerte Schiffe an euren
Küsten die Flut erwarten, könnt ihr wie der

Ozean doch nicht die Flut schneller
herbeiführen.
Und auch wie die Jahreszeiten seid ihr,
Und obwohl ihr in eurem Winter euren
Frühling leugnet,
Ruht doch der Frühling in euch und lächelt
in seiner Benommenheit und ist nicht
gekränkt.
Glaubt nicht, ich sage diese Dinge, damit der
eine zu dem anderen sagt: «Er hat uns hoch
gelobt. Er sah nichts als das Gute in uns.»
Ich drücke nur in Worten für euch aus, was
ihr in Gedanken selber wißt.
Und was ist Wissen in Worten anderes als
ein Schatten wortlosen Wissens?
Eure Gedanken und meine Worte sind
Wellen aus einem versiegelten Gedächtnis,
das Bericht gibt von unseren gestrigen Tagen,
Und von den alten Tagen, da die Erde
weder uns noch sich selber kannte,

Und von Nächten, da die Erde in
Verwirrung aufgewühlt war.
Weise sind zu euch gekommen,
um euch von ihrer Weisheit zu geben.
Ich kam, um von eurer Weisheit zu nehmen:
Und, seht, ich habe gefunden, was größer ist
als Weisheit.
Es ist ein Flammengeist in euch, der sich
immer mehr steigert,
Während ihr, seiner Entfaltung ungeachtet,
das Vergehen eurer Tage beklagt.
Nur ein Leben, das das Leben im Körper
sucht, fürchtet das Grab.
Hier gibt es keine Gräber.
Diese Berge und Ebenen sind eine Wiege und
ein Trittstein.
Jedesmal, wenn ihr an dem Feld vorbei-
kommt, in dem ihr eure Vorfahren beigesetzt
habt, schaut richtig hin, und ihr werdet euch
und eure Kinder Hand in Hand tanzen sehen.

Wahrhaftig, ihr seid oft vergnügt, ohne es zu wissen.

Andere sind zu euch gekommen, denen ihr für goldene Versprechungen, die sie euch auf euer Vertrauen hin gemacht haben, bloß Reichtum, Macht und Ruhm gegeben habt. Weniger als ein Versprechen habe ich gegeben, und doch seid ihr großzügiger zu mir gewesen.

Ihr habt mir meinen tieferen Lebensdurst gegeben.

Sicher gibt es kein größeres Geschenk für einen Menschen als das, was all seine Ziele zu brennenden Lippen und alles Leben zu einem Brunnen macht.

Und darin liegt meine Ehre und meine Belohnung:

Jedesmal, wenn ich zum Trinken an den Brunnen komme, finde ich das lebendige Wasser selber durstig;

Und es trinkt mich, während ich es trinke.
Manche von euch haben mich für zu stolz
und zu scheu gehalten, um Geschenke
anzunehmen.
Zu stolz bin ich wirklich, um Lohn
anzunehmen, aber nicht, um Geschenke
zu empfangen.
Und obwohl ich Beeren in den Hügeln
gegessen habe, als ich an euren Tisch geladen
war,
Und im Säulengang des Tempels geschlafen
habe, als ihr mir mit Freude Obdach gewährt
hättet,
War es zugleich nicht doch eure liebende
Sorge um meine Tage und Nächte,
die meinem Mund das Essen versüßte und
meinen Schlaf mit Visionen umschloß?
Dafür sege ich euch am meisten:
Ihr gebt viel und wißt nicht, daß ihr etwas
gebt.

Die Güte dagegen, die sich im Spiegel
anschaut, wird zu Stein,
Und eine gute Tat, die sich mit zärtlichen
Namen nennt, gebiert einen Fluch.
Und manche von euch haben mich
unnahbar und von meinem Alleinsein
trunken genannt,
Und ihr habt gesagt: «Er berät sich
mit den Bäumen des Waldes, aber nicht mit
Menschen.
Er sitzt allein auf Hügeln und schaut auf
unsere Stadt herab.»
Wahr ist, ich bin auf die Hügel gestiegen und
an entfernten Orten gewandert.
Wie hätte ich euch sehen können, wenn
nicht aus großer Höhe oder weiter Ferne?
Wie kann man wirklich nah sein, wenn man
nicht weit ist?
Und andere unter euch schalten mich ohne
Worte, und sie sagten:

«Fremder, Liebhaber unerreichbarer Höhen,
warum wohnst du in den Gipfeln, wo Adler
ihre Nester bauen?
Welche Stürme willst du in deinem Netz
fangen,
Und welche phantastischen Vögel jagst du
am Himmel?
Komm und sei einer von uns!
Steig herab und still deinen Hunger mit
unserem Brot und lösche deinen Durst mit
unserem Wein!»
In der Einsamkeit ihrer Seelen sagten sie diese
Dinge;
Doch wäre ihre Einsamkeit tiefer gewesen,
hätten sie gewußt, daß ich nichts suchte als
das Geheimnis eurer Freude und eures
Schmerzes
Und nur nach eurem höheren Ich jagte, das
durch den Himmel streift.
Doch der Jäger war auch der Gejagte;

Denn viele meiner Pfeile verließen
meinen Bogen nur, um meine eigene Brust zu
suchen.
Und der Fliegende war auch der Kriechende;
Denn als meine Flügel in der Sonne
ausgebreitet waren, war ihr Schatten auf der
Erde eine Schildkröte.
Und ich, der Gläubige, war auch der
Zweifler;
Denn oft habe ich den Finger in die eigene
Wunde gelegt, damit mein Glaube an euch
stärker und mein Wissen um euch größer
werde.
Und mit diesem Glauben und diesem Wissen
sage ich,
Ihr seid nicht in euren Körpern
eingeschlossen, noch an die Häuser oder
Felder gebunden.
Das, was ihr seid, wohnt über dem Berg und
treibt mit dem Wind.

Es ist nicht etwas, das in der Sonne kriecht,
um sich zu wärmen oder Löcher ins Dunkel
gräbt, um sicher zu sein,
Sondern etwas Freies, ein Geist, der die Erde
umhüllt und sich im Äther bewegt.
Wenn dies unklare Worte sind, dann sucht
nicht, sie zu klären.
Unklar und nebelhaft ist der Beginn aller
Dinge, doch nicht ihr Ende,
Und ich hätte gern, daß ihr an mich als einen
Beginn denkt.
Das Leben und alles, was lebt, ist im Nebel
gezeugt und nicht im Kristall.
Und wer weiß, ob ein Kristall etwas anderes
ist als Nebel in Zersetzung?
Darum möchte ich, daß ihr in der
Erinnerung an mich denkt:
Was am schwächsten und verwirrtesten in
euch scheint, ist das Stärkste und
Entschlossenste.

Ist es nicht euer Atem, der den Bau eurer
Knochen aufgerichtet und gefestigt hat?
Und ist es nicht ein Traum, an den keiner
von euch sich erinnert, der eure Stadt baute
und alles schuf, was darin ist?
Könntet ihr nur den Strom dieses Atems
sehen, würdet ihr alles andere nicht mehr
sehen,
Und wenn ihr das Geflüster des Traums
hören könntet, würdet ihr keinen anderen
Ton mehr hören.
Aber ihr seht nicht, und ihr hört nicht, und
das ist gut.
Der Schleier, der eure Augen umwölkt, wird
gehoben werden von den Händen, die ihn
webten,
Und der Lehm, der eure Ohren füllt, wird
durchbohrt werden von den Fingern, die ihn
kneteten.
Und ihr werdet sehen.

Und ihr werdet hören.
Doch werdet ihr nicht beklagen,
die Blindheit gekannt zu haben, noch
bedauern, taub gewesen zu sein.
Denn an jenem Tag werdet ihr den
verborgenen Sinn in allen Dingen erkennen,
Und ihr werdet die Dunkelheit preisen,
wie ihr das Licht preisen würdet.
Nachdem er das gesagt hatte, schaute er um
sich, und er sah den Lotsen seines Schiffes am
Steuer stehen und nun auf die vollen Segel
und dann wieder in die Weite schauen.
Und er sagte:
Geduldig, allzu geduldig ist der Kapitän
meines Schiffes.
Der Wind weht, und rastlos sind die Segel;
Selbst das Ruder bittet um Lenkung;
Doch ruhig wartet mein Kapitän, daß ich
schweige.
Und meine Seeleute, die den Chor des

offenen Meeres gehört haben, auch sie haben
mir geduldig zugehört.
Nun sollen sie nicht länger warten.
Ich bin bereit.
Der Strom hat das Meer erreicht, und noch
einmal drückt die große Mutter ihren Sohn
an die Brust.
Lebt wohl, Leute von Orphalese.
Dieser Tag ist zu Ende.
Er schließt sich über uns wie sich die Wasser-
lilie bis zum nächsten Morgen schließt.
Was uns hier gegeben wurde, werden wir
bewahren, und wenn es nicht genügt, dann
müssen wir abermals zusammenkommen
und zusammen unsere Hände dem Geber
entgegenstrecken. Vergeßt nicht, daß ich zu
euch zurückkommen werde.
Eine kleine Weile noch, und meine
Sehnsucht wird Staub und Schaum für
einen anderen Körper sammeln.

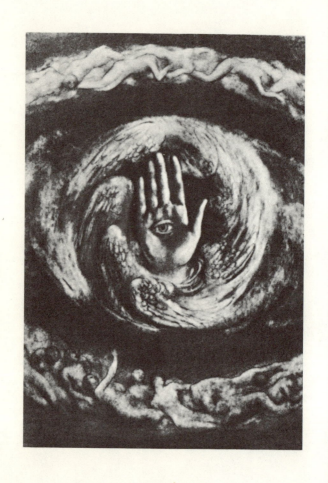

Eine kleine Weile noch, ein Augenblick
des Ruhens auf dem Wind, und eine andere
Frau wird mich gebären.
Lebt wohl, ihr und die Jugend, die ich bei
euch verbracht habe.
Erst gestern begegneten wir uns in einem
Traum.
Ihr habt in meinem Alleinsein gesungen,
und aus euren Sehnsüchten habe ich einen
Turm in den Himmel gebaut.
Doch nun ist unser Schlaf entflohen, und
unser Traum ist vorbei, und die Morgenröte
ist vorüber.
Der Mittag steht über uns, und unser halbes
Wachen ist zum volleren Tag geworden, und
wir müssen scheiden.
Wenn wir uns im Dämmer der Erinnerung
noch einmal begegnen sollten, werden wir
wieder miteinander reden, und ihr werdet
mir ein tieferes Lied singen.

Und wenn unsere Hände sich in einem
anderen Traum begegnen sollten,
werden wir einen weiteren Turm in den
Himmel bauen.
Mit diesen Worten gab er den Seeleuten ein
Zeichen, und sofort lichteten sie den Anker
und lösten das Schiff von seiner Vertäuung
und fuhren gen Osten.
Und ein Schrei erhob sich von den Menschen
wie aus einer Brust, und er stieg in die
Dämmerung und wurde wie von Fanfaren
übers Meer getragen.
Nur Almitra schwieg und schaute dem Schiff
nach, bis es im Nebel verschwunden war.
Und als die Menge sich zerstreut hatte, blieb
sie noch allein auf der Kaimauer stehen und
erinnerte sich in ihrem Herzen seiner Worte:
«Eine kleine Weile noch, ein Augenblick
des Ruhens auf dem Wind, und eine andere
Frau wird mich gebären.»